Lettera a Margherita Hack

Luciano Marrucci

Lettera
a Margherita Hack

2013

In copertina
Immagine di rudi63

ISBN 978-1-291-35080-7

PREFAZIONE

Questa lettera, pubblicata in otto puntate da un settimanale cattolico a partire dal 13 marzo 2011, lettera cui seguì in data 9 luglio 2012 un biglietto, sempre indirizzato a Margherita Hack, viene riproposta ora ad un cerchio più dilatato di lettori. Ritengo ancora valido l'indirizzo che mi proponevo già allora quando scrivevo: "A pensarci bene, questa lettera è indirizzata a Lei, ma è rivolta a chiunque". Intendevo così raggiungere almeno una piccola parte della moltitudine di persone che avevano trovato suggestivi i discorsi di Margherita sulla sua concezione dell'universo.

Con il rispetto dovuto ad una astrofisica di rango, ho inteso e preteso di misurami, non certo con le sue affermazioni e i risultati di pregevoli ricerche, ma su ciò che sporgeva dalle sue competenze scientifiche e, in definitiva, dalla sua capacità di pervenire a conclusioni valide sul piano logico. L'ho fatto confrontando le sue dogmatiche opinioni con quelle di altrettante valide persone di scienza, tenendo anche presente che non basta essere uno scienziato per essere considerato un pensatore. C'è una bella differenza!

L'ho fatto riportando su un piano più alto il tema della discussione: quello della logica e di un ragionamento che ad una premessa di ordine empirico ne appone un'altra di ordine speculativo. Così concludeva il mio biglietto finale: sono grato agli uomini di scienza quando ci trasmettano le loro acquisizioni scientifiche ma, talvolta, trovo in loro una deludente e scarsa conoscenza dei fondamentali logici.

In una breve appendice è riportata una riflessione articolata sulla possibilità di una dimostrazione dell'esistenza di Dio; il brano è tratto da un volumetto, scritto da me nel 2005, che ha per titolo "Sulle tracce di Dio".

Luciano Marrucci

I

Chiarissima Margherita Hack,

con questa missiva non intendo perturbare la sua orbita suscitando allarmanti interrogativi sul senso, cioè sul significato e sulla direzione di un percorso che in Lei non è soltanto scientifico, ma anche esistenziale. Da parte mia non considererei corretto e neppure morale contristare il mio prossimo chiamandolo ad un severo e non richiesto confronto d'idee. C'è invece una salutare inquietudine, che io dico venire da Dio, il quale non solleva mai una tempesta senza indicare un porto d'approdo e non accende mai una sete senza mostrare una fonte che la può sedare. Chiunque abbia provato questa esperienza spesso non è in grado di parteciparla, sebbene non possa fare a meno di augurarla anche ad altri.

Ma qual è il motivo e quali sono le ragioni per le quali mi accingo ad indirizzarLe una lettera e aperta, per giunta, estesa per i contenuti, oltre che per i destinatari che la leggeranno? Per una volta citerò don Milani che fece di questa espressione un manifesto di tutta una vita: "I care!" Rivolto al prossimo, significa: "Tu mi interessi!" Di te, a me, me ne importa. Tutto il contrario di un'altra espressione del nostro "Toscano": "Di te, me ne infischio!"

Nessuno può negare che Stampa e Televisione Le abbiano dato l'opportunità di divulgare a milioni di persone quelli che sono i suoi assunti scientifici e le sue convinzioni su ciò che esiste o non esiste al di fuori di questo universo. Lo ha fatto sempre apertamente, rivolgendosi a tutti, dunque anche a me. Forse non Le dispiace nemmeno essere identificata per un'atea militante.

Qualche tempo fa mi capitò di vedere un Suo video, su Youtube, dove Lei con sorprendente rapidità rispondeva ad una serie di quesiti sulla visione che riguardava le Sue certezze sull'universo esteriore e interiore. Ricorrente era il concetto dell'universo in espansione e del Big-Bang. Ho avuto anche il dubbio che domande e risposte fossero già prefissate sul collo della "giraffa". Quello che è certo è questo: quelle frasi, stringate, asciutte e assolute erano formulate con la perentorietà di un dogma. Ma come? Prima ci si erge contro il dogma, inverificato ed inverificabile, ostacolo alla libera ricerca e al progresso della scienza e poi si issano le bandierine a delimitare il territorio del proprio sapere?

Ma sa perché ho detto questo? Per ribadire che come Lei ha il diritto di rivolgersi a me e al prossimo che l'ascolta; io ho quello di rivolgermi a Lei e al prossimo che mi ascolta. A pensarci bene, questa lettera è indirizzata a Lei, ma è rivolta a chiunque. Quanto ho scritto è solo l'esordio della mia missiva.

Allego ora delle citazioni che ho scelto proprio per Lei.

Se dovesse riscontrare nel mio messaggio qualcosa di ruvido o di aggressivo, io non ho che una scusa: *I care!*

"Riesco a capire che sia possibile guardare la Terra e restare atei: ma non capisco come si possano alzare gli occhi durante la notte e dire che Dio non c'è".

Abramo Lincoln

"La mia religione consiste in un'umile ammirazione verso lo spirito superiore e illimitato che si rivela nei più piccoli dettagli che possiamo cogliere con le nostre menti deboli e fragili. E' con questa profonda convinzione sentimentale della presenza di una ragione superiore che si rivela nell'universo, che esprimo la mia idea di Dio".

A. Einstein

II

Nell'indirizzo di cortesia con cui ho incominciato questa lettera ho usato l'aggettivo "chiarissima" che a Lei compete a doppio titolo: per quello accademico e, forse ancora di più, per la sua costante chiarezza espositiva. Intendo parlare di quella capacità, comune in molti studiosi di rango, di divulgare con parole semplici concetti difficili. A ben pensarci, questo atteggiamento evidenzia una vera e propria onestà intellettuale; infatti quando uno spiega con chiarezza la propria opinione si espone più facilmente alla critica di chi non la condivide.

Mi pare di capire che Lei concorda nel dire che il cosmo ha avuto un inizio e che, comunque, avrà una fine. Per quanto riguarda l'inizio, logicamente da collocarsi nel tempo, parla di un "Big Bang", la grande botta che avrebbe determinato almeno il passaggio da una materia amorfa ed inerte, ad una materia formata e carica di energie molteplici e flessibili: quanto basterebbe a spiegare la successiva evoluzione fino alle forme più avanzate di vita e di razionalità.

Big Bang, fantastico! Espressione introdotta per spiegare il passaggio metafisico tra opposti assoluti, sembra proprio tolta da un album di fumetti. Fantastico, ma, a mio giudizio, non abbastanza corretto come ci si poteva legittimamente aspettare da una risposta della scienza sull'unico problema dove, a diverso titolo, si incrociano le posizioni della metafisica con quelle della fisica, della Scienza teologica e, naturalmente, di quella naturale.

Lei potrebbe sussumere: «Questo è il mio campo, io lo posso asserire in base alle conoscenze che ho come astrofisica riconosciuta da tutti». Carissima Margherita, anch'io sono munito di una "licentia docendi", con ciò, non potrei dare ad intendere alla mia gente che Cristo è morto dal sonno; mi avrebbero rincorso con il forcone. Il punto è che la scienza di qualsiasi genere, deve fare i conti con la logica, e può accadere facilmente di riscontrare negli uomini di scienza carenze riportabili a questa disciplina.

Ed ora proviamo a comparare la Sua concezione di questo Big Bang con quanto hanno asserito persone sull'inizio dell'Universo.

La scienza non può svelare il mistero fondamentale della natura. E questo perché, in ultima analisi, noi stessi siamo parte dell'enigma che stiamo cercando di risolvere.
Karl Ernst Ludwig Marx Planck, fisico (1858 – 1947)

Gli scienziati credono che il Big Bang sia il cataclisma che ha portato alla creazione dell'Universo 13,7 miliardi di anni fa; alcune teorie scientifiche sono limitate, perché "arrivano sempre solo fino ad un certo punto e non sono affatto in concorrenza con la fede, ma non riescono a spiegare il senso ultimo della realtà".
Joseph Aloisius Ratzinger, teologo (1927)

Dietro ciò che cambia c'è qualcuno che non cambia.
Hubert Reeves, astrofisico (1932)

L'essenza della teoria del Big Bang sta nel fatto che l'Universo si sta espandendo e raffreddando. Lei noterà che non ho detto nulla riguardo ad una "esplosione". La teoria del Big Bang descrive come il nostro Universo evolve, non come esso iniziò.
Philip James Edwin Peebles, astronomo (1935)

Ma a questo proposito, si può interrogare le stelle. Accade talvolta che proprio loro stesse possano fornirci delle risposte.

Ho interrogato la terra e mi ha risposto: "Non sono il tuo Dio." Tutto ciò che vive sulla superficie mi ha dato la medesima risposta.

Ho interrogato il mare e gli esseri che lo popolano e mi hanno detto: "Noi non siamo Dio".

Ho interrogato il cielo, il sole, la luna, le stelle: "Noi non siamo il Dio che cerchi", mi hanno risposto.

Allora ho detto a tutti gli esseri che conosco attraverso i sensi: "Parlatemi del mio Dio, dal momento che voi non lo siete, ditemi qualcosa di Lui".

Ed essi mi hanno gridato con la loro voce possente: "E' lui che ci ha fatti".

Per interrogarli, io dovevo solo contemplarli, e la loro bellezza era la loro risposta.

Sant'Agostino, filosofo teologo (354 – 430)

III

Big-Bang, come espressione introdotta per spiegare l'inizio dell'universo, a me, non è mai andata giù, sia che venga accettata da coloro che ammettano la Trascendenza, sia che venga impiegata da coloro che invece la negano. Non mi è mai andata giù perché di primo acchito mi è sembrata un po' ghiozza. Il vocabolario ci dice che "bang", più che colpo, significa rumore, fragore, un grande botto, insomma. E' proprio l'errore che fanno dei buzzurri villani quando dicono che uno viene colpito da un tuono, quando invece è stata la folgore a raggiungerlo; di solito uno perde la vita per un colpo, non per un rumore.

Deciso e disposto a rimuovere la mia diffidenza per questa

locuzione, un giorno ho dato quest'incarico al mio assistente al computer: «Vai in Internet, sconfondi, cerca, consulta voci e documenti in Wikipedia e altrove e fammi sapere da chi e come è nata questa espressione». Lui mi ha dato retta ed ecco quello che è venuto fuori. Big-Bang è stato usato la prima volta nel 1949 durante una trasmissione radiofonica dall'astronomo Fred Hoyle. Il punto è che Sir Hoyle lo usò in senso dispregiativo intendendo ridicolizzare l'ipotesi avanzata da George Lemaître (guarda caso, un prete astronomo e fisico belga) che a lui sembrava ingenua ed elementare. Big Bang fu accolto ed adottato dalla comunità scientifica, destinato a sopravvivere ai suoi detrattori e ai suoi stessi sostenitori.

Parallelamente è quanto è avvenuto nel campo della pittura e della letteratura dove certi movimenti e certi indirizzi culturali (come per esempio il decadentismo) hanno accettato e si sono addirittura fregiati dei titoli negativi forgiati da critici ostili. Continuo a domandarmi come mai questo sia successo anche nel campo della scienza astronomica dove il rigore del linguaggio scientifico dovrebbe essere… di rigore assoluto.

Ma il vero guaio è quando il Big Bang viene inteso come la soluzione finale del principio iniziale (non è un gioco di parole!) dell'universo. Ciò è quanto è dato di interpretare da quanto insistentemente e, direi, noiosamente, continua a ripetere Lei, Margherita Hack. Lo dico perché ai più sembra una persona che abbia ormai chiusa e conclusa la sua ricerca. In definitiva, sembra una persona che affermi di aver ormai raggiunto il culmine della sua ricerca, con l'asserzione che Dio non c'è e che la sua stessa condotta morale è una dimostrazione che si può vivere senza coordinate che vadano al di fuori dello spazio e del tempo. Definirei il Suo stato attuale come una posizione di stand-by.

D'accordo, l'universo è in espansione: l'uomo invece è troppo spesso in regressione; allora, questo lo dico, è proprio lui che avrebbe bisogno di un Little-Bang.

Chiudo per ora con due citazioni di cui, almeno una, Lei è proprio costretta a condividere.

Una vita senza ricerca non è degna per l'uomo di essere vissuta.

Platone

Cercherai il Signore Tuo Dio e lo troverai se lo cercherai con tutto il cuore e con tutta l'anima.

(Deuteronomio 4.32)

IV

Con questa nota intendo chiudere, per quanto mi riguarda, il discorso sul Big Bang. Qualcuno ha pensato che io intendessi strapparLe dalle mani il gingillo cui sembra molto attaccata; ma non è così; mi pare di aver scoperto che questa espressione fu applicata alla concezione che l'astronomo e fisico belga George Lemaître aveva sull'inizio dell'universo. Sta il fatto che George Lemaître, che occupa il suo giusto posto in *Wikipedia*, fosse anche un presbitero, cioè un prete della Chiesa Cattolica.

Vuol dire che quando la Comunità Scientifica ha fatto propria questa espressione ha finito per assegnarla anche a concezioni successive. Comunque l'ipotesi della grande scossa che il Reverendo Lemaître identificava con l'impulso creativo, non è figlia di nessuno; semmai, di bastardo, ci ha solo il nome.

Non mi sarei mai permesso di attaccare le Sue cognizioni scientifiche e devo anche dire che quando il Suo discorso si attiene al limite di una divulgazione scientifica, in chi l'ascolta l'apprendimento diventa anche godimento.

Diversa la mia valutazione quando, trasmigrando dal campo dell'astrofisica che dovrebbe fermarsi allo studio della materia inanimata (incluso l'inizio e il suo sviluppo espansivo), Lei si pronuncia anche sul passaggio dalla materia inanimata a quella animata. Poi, ricorrendo ad un certo modello di evoluzione, pretende di spiegare le forme più sofisticate di vita vegetale, animale e intellettiva producendosi in certi salti che alla nostra età diventerebbero delle disastrose spaccate. Qui è Lei che fa un invasione di campo.

Quando poi, non contenta di avvalersi del buon senso, che, tutto considerato, è stato equamente distribuito a tutti gli uomini, Lei ci prova con la ardua disciplina della Logica confezionando un ragionamento che a Lei, ma non a me, sembra convincente, io, per la stesso amore verso la verità, mi permetto di ripetere: Calzolaio, non oltre le scarpe! Se dovessi configurarla nell'Ars Gladiatoria che è anche un modo d'intendere la dialettica in un dibattito, sarei portato a pensare alla figura dell'arciere. Non è un oplita che ha uno scudo e neppure un reziario che invece non ha scudo contro le frecce scagliate a distanza. Ora guardando la sua faretra, mi pare di scorgere che Lei viaggi con una sola freccia. Parlerò in seguito di questa freccia e l'avverto: cercherò di spuntarla.

Chi legge potrebbe dedurre che io provi una certa ostilità nei Suoi riguardi e che per giunta io intenda venire a confronto con Lei con la stupida presunzione di prevalere; cedere a questo tentazione, lo dovrei considerare un peccato; proprio oggi, Domenica 3 Aprile scorrevo nel mio breviario la seconda lettura, uno stupendo brano di Sant'Agostino; giunto alla parte finale ho pensato proprio a Lei. E' stato in quel preciso momento che ho deciso di girarlo a Lei.

Non ti vien detto: devi affaticarti a cercare la via per arrivare alla verità ed alla vita; non ti vien detto questo. Pigro, alzati! La via stessa è venuta a te e ti ha svegliato dal sonno, se pure ti ha svegliato. Alzati e cammina!

Forse tu cerchi di camminare, ma non puoi perché ti dolgono i piedi. Per quale motivo ti dolgono? Perché hanno dovuto percorrere i duri sentieri imposti dai tuoi tirannici egoismi? Ma il Verbo di Dio ha guarito anche gli zoppi.

Tu replichi: Sì, ho i piedi sani, ma non vedo la strada. Ebbene, sappi che egli ha illuminato perfino i ciechi.

Dai "Trattati su Giovanni" di Sant'Agostino

V

Un proverbio italiano recita così: «Chi insegna ai fanciulli, impara più di loro». E' quanto ho potuto sperimentare in tanti anni, durante i quali ho insegnato la "Dottrina" ai ragazzi che preparavo alla Comunione ed alla Cresima.

Mi è rimasto impresso un'esclamazione di una bambina che commentò così la posizione di chi nega l'esistenza di Dio: «Dio non esiste? Allora non esisto nemmeno io!». Questa frase, che a me sembrò di sapore Cartesiano, manifestava l'inconcussa certezza di chi percepisce l'esistenza di Dio come un'idea chiara e distinta di cui l'anima è nativamente dotata. In sostanza, questa bambina affermava : «Sono certa dell'esistenza di Dio, come della mia stessa esistenza».

A distanza di anni, ho ritrovato una nota che riportava una mia lezione di Catechismo impartita alle scuole elementari.

Riflessioni e testimonianze sull'esistenza di Dio.

Siamo circondati da meraviglie! Le lezioni ai ragazzi delle elementari sono diventata un tema svolto con le parole e con le cose. Qui e altrove (ma non dovunque, io penso) è ancora possibile fare catechismo con le cose.

Ad un certo punto, questo ho fatto, ho aperto una finestra e mi è bastato allungare un braccio per strappare un piccolo ramo di un gran cedro che cresce nel giardino della scuola.

L'obliqua, verde palizzata delle fogliolline di questo ramoscello riproponeva in miniatura la figura di un grande albero. Ecco, questa è una cosa presa per caso: una piccola meraviglia a portata di mano, non c'è che dire. Ed ora osserviamola bene! Giusto: si può solo osservare ed ammirare. Nessuno potrebbe fare una cosa del genere. Voi lo capire al volo; ma anche quelli che ci studiano sopra sono d'accordo nel dire che nessuno potrebbe fare una fogliolina come questa. Più facile fare un grattacielo.

Dentro le cose c'è pensiero e c'è amore. Chi dà il pensiero e l'amore se non una persona che pensa ed ama? Perché su questo si deve essere d'accordo: solo le persone possono pensare ed amare.

A questo punto ho invitato i ragazzi a mandare un compagno qualunque che si prestasse come esempio di "meraviglia". Tanto per stare nell'ambito del caso, hanno fatto la conta. L'alunno cui è toccato in sorte di portarsi in mezzo all'aula è diventato tema di una elementare e divertente lezione di anatomia. Si è parlato degli occhi e della vista, degli orecchi e dell'udito, della bocca e della parola. Altro che ramoscello di cedro! I ragazzi osservavano il loro compagno come se lo vedessero la prima volta. Poi li ho invitati a portare qualcosa che avesse un po' di meraviglia... Potevano anche scrivere o anche parlare di meraviglie che ci circondano, perché la lezione successiva dovevano costruirla loro.

L'arancia

Don Luciano ha preso un'arancia. Prima ci fatto vedere il colore e la forma; poi l'ha sbucciata; le bucce ce le ha fatte annusare. Poi l'ha divisa e ci è toccato uno spicchio per uno. I semi non l'abbiamo buttati via; lui li ha presi in mano e ci ha detto che tutti gli scienziati del mondo non potrebbero fare un seme di arancio. Ma neanche un chicco d'orzo!

Il tartufo e la ghianda

Qui, con i tartufi, c'è gente che fa qualche quattrinello. Il mio babbo dice che anche quello è una meraviglia, però non me lo da per portarlo a scuola. Allora ho portato una ghianda: vuol dire che invece del tartufo parleremo della ghianda!

VI

Questa volta le citerò un libro che quasi certamente Lei conosce molto bene. Immagino che occupi uno spazio ben definito in qualche scaffale della sua libreria. Precisamente in quel reparto dello scaffale dove, in eloquente disordine, si trovano i libri più consultati, veri manuali di uso e consumo di uno studioso, separati dai tomi ben allineati pubblicati dalle grandi case editrici, e da quei saggi che trattano temi più disparati, come si dice, di "cultura e società". Il titolo di questo libro è: «Perché non sono Cristiano» di Bertrand Russell, edito da Longanesi & C. Io ne ho una copia da una ristampa del 1959.

Bene: andiamo a pagina 179, il titolo del capitolo è: "L'esistenza di Dio". Riporta un dibattito tra Bertrand Russell ed il Gesuita F. C. Copleston. Il dibattito si effettuò nel 1948 nel Terzo Programma della BBC. Io non so se si deve ammirare di più la lealtà di Russell che chiede il consenso alla pubblicazione dal proprio avversario di un documento in cui lui stesso, a detta di molti, non uscì vincitore, o l'accondiscendenza di Padre Copleston nel venire incontro alla sua richiesta in un confronto in cui non si arrivò ad un punto di accordo finale.

A delimitare l'ambito del confronto, il Gesuita esordisce proponendo una definizione di Dio: «ci possiamo concordare sul significato che diamo sulla parola Dio? Credo che intendiamo un ente supremo, personale, distinto dal mondo e creatore del mondo. Siamo d'accordo?» E questa fu la risposta di Russell: «Sì, accetto questa definizione». A questo punto Copleston sembra incalzare, ma intende soltanto delimitare il campo della discussione: «Ora vorrei sapere se la Sua posizione è quella dell'agnostico o quella dell'ateo; in altre parole, secondo Lei, la non esistenza di Dio può essere dimostrata?» Ed ecco la risposta stringata del filosofo Russell: «Non è questa la mia posizione: io sono agnostico». Fermiamoci su questa considerazione.

Magari non tutti i suoi ascoltatori conoscono l'abissale differenza che esiste tra la posizione dell'agnostico e quella dell'ateo. L'agnostico, ad una domanda sull'esistenza di Dio, risponde così: «Io non lo so», lo dice perché, a suo giudizio, non esistono motivi per affermarlo, oppure perché, in presenza di motivi positivi e negativi che si elidono a vicenda, non è in grado di esprimersi in un giudizio univoco e preciso; l'ateo, invece, afferma decisamente che Dio non c'è; per lui, non solo non si può dimostrare l'esistenza di un essere superiore, è possibile invece dimostrare la sua non esistenza. Per ora mi basta evidenziare che Lei, chiarissima Margherita Hack, quando afferma di poter dimostrare che Dio non c'è, si porta molto oltre quella che è la posizione di un grande logico e matematico.

VII

L'ho appena detto, Lei non si limita a negare che attraverso la ragione si possa arrivare alla certezza che esiste un Essere fuori dell'universo, ma intende addirittura affermare che si possa dimostrare che un essere, così concepito, non esiste nemmeno. E come giunge a questa conclusione? A me pare di capire che si affida semplicemente (qui preciso, "unicamente") a questo tipo di ragionamento:

Ciò che ora appare inesplicabile quando volgo la mia osservazione all'universo, troverà inevitabilmente una spiegazione successiva da parte della scienza. Ergo, non c'è bisogno di ricorrere alla esistenza di un Essere creatore e ordinatore delle cose che ci circondano.

Un ragionamento, osservo, che non eccelle nemmeno in fantasia, dato che si presenta come il clone in negativo di quello invincibilmente proposto da Paolo Dezza nel suo libro che ha per titolo "Filosofia": il cosmo nel suo insieme e nei suoi dettagli è inesplicabile se non si pone una causa fuori di esso.

Ma a questo punto Lei, rinomata astrofisica, esce dal campo dove nessuno può negarLe un diritto di insegnamento, e irrompe, con allarmante tranquillità, irrompe, nel campo dove chiunque può imputarLe un difetto di apprendimento. C'è differenza tra fisica e metafisica anche quando questa si esprime sugli aspetti profondi delle realtà corporee. Possibile-Impossibile, contingente-necessario ed ancora ente-niente e, se vogliamo, caos-cosmo sono nozioni che appartengono all'ambito della metafisica. Quando poi uno tenta, appropriandosi di una facoltà che non gli compete, di organizzare, su concetti non posseduti, un discorso logico, finisce nel commiserando errore di cadere e addirittura di proporre un sofisma. Tutti gli studiosi di logica sono concordi nel dire che il sofisma non è altro che un sillogismo ingannevole. Per lo più a proporre l'inganno è qualcuno che sa d'ingannare; a volte, è lo stesso proponente ad essere vittima di un inganno mentale (questa forma di sofisma è chiamato paralogismo); in questo caso l'ingannato diventa ingannatore, ancora più efficace, in quanto ciò che asserisce sembra partire da una sincera convinzione. Smascherare un sofisma diventa inevitabilmente, nel primo caso, uno schiaffo (meritato!) alla posizione intellettuale di chi lo propone, e nel secondo caso, un biasimo correttivo verso chi ha fatto di tutto per farti cadere nella medesima buca...

Ecco perché chiamo sofisma il ragionamento che Lei propone ai suoi ascoltatori: le scienze naturali rilevano misteri, da alcuni di noi chiamati meraviglie, riferiti al concretizzarsi della materia, al passaggio dalla materia organizzata a forme di vita dove l'orma di una costante razionalità è innegabile.

Lei sembra procedere così: ciò che la scienza rileva come provvisoriamente inesplicabile verrà successivamente spiegato dalla scienza stessa.

Dunque non c'è alcuna ragione di appellarsi ad una spiegazione diversa da quella che la scienza stessa può offrirci.

Come dire: Basta un po' di pazienza, poi tutto si chiarirà!

Come dire: Hai scoperto una tela e pretendi di risalire al pittore? Non potrebbe essere frutto del caso?

Come per dire: La struttura delle vertebre di qualunque vivente corrisponde ad una calcolo matematico? Ma non potrebbe dipendere dalla necessità?

Come dire: Perché guizzano dei pesciolini rossi in un vaso di vetro? E' perché c'è dell'acqua in quel vaso!

Chi l'ha detto che basta che chi percepisce la certezza del mistero delle cose può alimentare la certezza di poterlo decifrare?

Col progredire della ricerca la scienza va invece incontro a velari sempre più densi: penetrabili solo da una luce che parte da altra sorgente.

Non so se mi sono spiegato, ma ora, chiarissima astrofisica, mi rifiuto di considerarLa semplicemente una scimmia evoluta come lei, spero scherzosamente, si è definita, e mi permetto di sottomettere alla sua considerazione alcuni spunti di riflessione:

- Il "caso" è l'anagramma ortografico e logico di "caos"; genera solo aborti.

- La razionalità presente nelle cose irrazionali. Un mistero che la scienza può solo rilevare.

- E' semplicemente anti scientifico scambiare la condizione per una causa. Se metto solo dell'acqua in un vaso di vetro non vedrò mai comparire dei pesciolini rossi.

VIII

Chiarissima e carissima Margherita Hack,

è venuto il momento di chiudere questa missiva; avrei potuto continuare per altre tre o quattro puntate per parlare delle vie che ci conducano a Dio, ma una voce mi dice che non devo estenuare i miei lettori nella pretesa di esporre compiutamente il mio pensiero.

In quest'ultima parte mi concedo di partecipare a lei, a quelli che condividono la sua posizione, a me stesso e a quanti condividono la mia stessa posizione, di mettersi in ascolto dei segnali continui che ci raggiungono nella nostra esperienza personale. Sperimentare la gioia della scoperta dell'Intelligenza, della Bontà e delle Bellezza presenti nelle tracce, nei signacoli e, direi, nei messaggi che intessono la nostra giornata.

Le fusa di un gatto, il gioco di un cucciolo, uno scarabeo che quasi stavi per calpestare, quei papaveri rossi spuntati sul sentiero della tua passeggiata, l'incontro con persone diverse da te, i loro gesti, i loro sguardi, le loro parole. Allora potrai scoprire, con gioia e stupore lo scoprirai, che un bambino può insegnarti molto più di un collega di studio. Chiudo con questa esperienza di catechismo.

Il Colophon di Dio

Questo fu il tema di una lezione di catechismo ai miei ragazzi di Corazzano.

Colophon è una parola difficile che significa una cosa molto facile: E' un ghirigoro che completava una firma nei manoscritti antichi. A forma triangolare, partiva dall'ultima lettera della firma e finiva in un punto in basso dove aveva deciso lui, lo scrivente, come per dire: questa firma è proprio la mia.

Un giorno, scendendo i gradoni della nostra antica Pieve, ho visto questo coso sulla parete avoriata che si trova dalla parte del vangelo, o come si dice noi preti, in cornu evangeli. Mi accorsi che era un piccolo scorpione. Mi avvicinai per osservarlo meglio. Lui era fermo, perché questi animali simulano la morte proprio per scansarla. Nel suo piccolo, mostrava una bellezza superba. Più che nero, era bruno come certi inchiostri. Le placche della corazza alle giunture avevano i lucori rossastri che hanno i gamberetti. Immaginai che, immobilizzato dalla paura, lui mi guardasse. Pareva proprio un colophon quel trangolino scuro; come se fosse la firma di qualcuno.

Come se qualcuno dicesse: questa Pieve che tu vedi è mia. Mi appartiene. Quello scorpione a me sembrò la firma di Dio!

Riflettei che forse avrebbe potuto impaurire qualche donnina se lo avesse visto e, se avesse punto un bambino, gli avrebbe procurato un bel febbrone. Ma che diritto avevo di schiacciarlo?

Di certo discendeva da una dinastia di scorpioni che da chissà quanto tempo avevano preso alloggio in questa chiesa. Dunque c'era prima di me. Lasciandolo avrei voluto dirgli di salire più in alto, verso le capriate.

Ed ora mi domando: ho fatto bene o ho fatto male a non sopprimerlo? Lo domando anche a voi... Ho fatto bene o ho fatto male?

La risposta che ebbi da quei ragazzi fu per me imprevedibile: risposero con un applauso. Che mi commosse.

Chiudo, indicando nome e cognome, impossibilitato a fare una firma autografa accompagnata, come vorrei, da un curioso ghirigoro: colophon, appunto.

Luciano Marrucci

BIGLIETTO A MARGHERITA HACK

Cara Margherita Hack,

dopo la lettera a Lei indirizzata e pubblicata in otto puntate in questo settimanale, intendo con questo biglietto (niente più di un biglietto) replicare a quanto è apparso sulla stampa a proposito del "bosone" di Higgs: se voleva sorprendere, devo dire, c'è proprio riuscita.

Lei sa meglio di me che la denominazione di questo bosone ha subito diverse variazioni: "Goddam", così intendeva chiamarlo colui che ne aveva intuito la presenza, significa "particella maledetta"; oggi si parla di particella di Dio e, con un nome ancora più suggestivo "il soffio di Dio", per quanto ne so io, lo chiamerei semplicemente il colophon di Dio.

Lei, atea convinta, ha deciso di chiamarla il proprio Dio (con la maiuscola, così è scritto). In sostanza nel momento in cui rifiuta un'adesione all'infinitamente grande sembra attribuire il carattere di divinità all'infinitamente piccolo. Qui, almeno sulla carta, la sua scelta è per il materiale sull'immateriale, per il finito sull'infinito, per il temporaneo sul eterno.

Ammetto che qui non ho spazio per argomentare ma una cosa la devo dire: non si può confondere il configurato con il configurante; non si può identificare la firma con il suo autore, né l'impronta con il sigillo che l'ha impressa, la materia con il soffio che l'ha attivata.

Sono grato agli uomini di scienza quando ci trasmettono le loro acquisizioni scientifiche, ma trovo in alcuni di loro una deludente, scarsa conoscenza dei "fondamentali logici".

Don Luciano Marrucci
http://abbasnullius.blogspot.com

APPENDICE

RIFLESSIONE SULLE POSSIBILITÀ CHE L'UOMO HA DI PERVENIRE AD UNA SALDA CERTEZZA DELL'ESISTENZA DI DIO

Albert Farges fu a suo tempo rinomatissimo maestro di Filosofia e Teologia. La sua opera, «l'idea di Dio secondo la ragione e la scienza» si può tuttora giudicare un insuperabile modello di trattazione organica e completa di un argomento che costituisce «il punto culminante del pensiero umano». Attraverso una ripartizione rigorosa e sistematica l'autore affronta il grande tema della Esistenza e della Essenza di Dio, tema che sviluppa con rigore ed eleganza pervenendo a proposizioni di efficace trasparenza.

Ecco come introduce la lunga trattazione.

Dimostrazione utile ma non indispensabile

È veramente utile una dimostrazione razionale dell'esistenza di Dio? Sicuramente, ma non per tutti. C'è una moltitudine di uomini che sono arrivati a Dio per una via tutt'altro che scientifica e che, dopo aver avuto il bene di verificare la loro fede con quell'esperienza intima mille volte più convincente di tutti i ragionamenti, non sentono più il bisogno di dotte lezioni. Volentieri queste anime credenti direbbero con Platone:"Come si può senza indignazione vedersi ridotti a provare l'esistenza di Dio?"

Dio stesso si manifesta

Certo, se Dio esiste, non gli si può negare il diritto di manifestarsi inti-

mamente alla nostra coscienza e di farsi conoscere con i mezzi più semplici e meno complicati delle dimostrazioni scientifiche. Gli basta, per esempio, mostrare al nostro intelletto le meraviglie delle sue opera per manifestarsi come divino artefice; di comandare alla nostra volontà mediante la legge morale per rivelarsi come legislatore universale; ovvero, per mostrarsi come il nostro ultimo fine, d'agire sui nostri cuori mediante quelle attrazioni di cui possiede il segreto. Un buon sillogismo, riconosciuto insuperabile, può convincere la ragione senza vincere la resistenza del cuore.

Quando è utile una dimostrazione

Purtroppo non tutti sono pervenuti a questa convinzione e certezze dell'esistenza di Dio. La maggior parte non ha avuto il tempo di fare questa esperienza. Altri si sono trovati di fronte alle difficoltà avanzate da una falsa filosofia e da una falsa scienza. Altri vogliono verificare la loro credenza. Per tutti questi una dimostrazione della esistenza di Dio è di una incontestabile utilità.

Una dimostrazione utile, che è anche possibile.

La realtà corporea è specchio dove possiamo cogliere il riflesso di Dio, secondo alcuni. Secondo altri è lo schermo che ce ne impedisce la visione. Seguiamo ora questo importante passaggio: all'uomo è dato di guardare oltre questo specchio e di penetrare attraverso questo schermo fino al punto di percepire con certezza l'esistenza di Dio e di avvertirne con sicurezza la presenza.

Per arrivare a questa soluzione bisogna procedere con una chiave. Una poderosa cassaforte, che resiste ad una carica di dinamite, si apre con facilità se si compone la parola giusta; l'esplosione violenta, nel deformare la cassa d'acciaio, rende ancora più inaccessibile il suo interno; mentre anche il braccio di un bambino può rimuovere il suo portale quando la giusta combinazione ne ha fatto scattare i congegni invisibili.

Alla domanda se l'intelletto sia in possesso di questa chiave si risponde semplicemente di sì: quale chiave?. Definisco il profilo di questa chiave nella seguente espressione: una riflessione profonda sulla natura. Una proposizione che «agisce» nella direzione che viene così indicata: **il cosmo nei suoi dettagli e nel suo insieme è inesplicabile se non si pone una realtà al di fuori e al di sopra di esso.**

Per ora ci accontentiamo di chiamare Dio questa realtà al di fuori e al di sopra dello spazio e del tempo.

Il cosmo nei suoi dettagli e nel suo insieme

Che la realtà corporea sia anche cosmica appare così evidente ed elementare da essere ammessa da tutti come irrecusabile enunciato.

Eppure da questa ammissione scaturiscono formidabili illazioni. Perché? Perché dire cosmo (in contrapposizione al caos) significa dire ordine; per legame logico e lessicale, realtà cosmica significa realtà ordinata.

Sarebbe più facile (ma come sarebbe possibile?) negare la realtà che sottrarle questa inscindibile qualifica: l'essere ordinata. Ogni libro di biochimica, di fisiologia, di botanica o di zoologia, ogni libro di cui si compone l'interminabile (anche perché non giunge mai a termine) scaffale della grandiosa biblioteca scientifica, attesta, conferma e sanziona questo fondamentale aspetto della realtà. Quanto più la ricerca scientifica procede in avanti tanto più scopre aspetti mirabili di un ordinamento universale.

Considerazione di ordine scientifico

Gli esseri che sono nel campo della nostra percezione diretta si presentano ordinati e finalizzati. Esseri che non hanno nè intelligenza, nè coscienza riflessa si presentano con questa impronta razionale.

Proprio non c'è dettaglio nel grande insieme che non abbia questa impronta. Ci si può divertire a prendere a caso qualsiasi particolare di questo insieme. Un filo d'erba è un attrezzatissimo laboratorio di biochimica. L'ape costruisce la sua cella seguendo un calcolo infinitesimale. L'occhio del falco, il lichene sulla roccia ripropongono quel mirabile carattere di ordinata razionalità che noi chiamiamo codice di assetto funzionale. La scienza, man mano che annuncia i propri risultati di ricerca, registra finalità e ordinamento costanti in tutti gli elementi che formano il grande insieme.

Considerazione di ordine logico

Lo scienziato, o chiunque considera gli aspetti della realtà esteriore, può decidere di rifugiarsi nella posizione di un agnosticismo inerte e tranquillo. Esiste un ordinamento mirabile in ciò che noi osserviamo: E con questo? - sembra dire l'agnostico - limitiamoci a registrarlo: punto e basta. Il mio mestiere finisce qui, sembra dire lo scienziato agnostico. Ma c'è chi procede oltre innestando sulla base acquisita dei dati scientifici una considerazione di ordine diverso, pervenendo a quella che abbiamo chiamato riflessione profonda.

Ecco allora come si articola il ragionamento di chi procede in avanti: una realtà, tradotta come fatto, interpretata come dato, ha una ragione di essere in sè o in qualcos'altro.

Il codice di assetto funzionale che abbiamo verificato nella realtà non ha una ragione di essere nella realtà; nel senso che non è spiegato dalla stessa: è presente in essa, ma essa non è sufficiente a spiegarlo.

Perché? Perché si presenta come carattere intellettuale in una realtà che non è nemmeno cosciente di questo carattere. Perché si configura come segnacolo spirituale in una realtà materiale. Soggetti del tutto sprovvisti di autocoscienza si muovono secondo una direzione sapiente.

La ragione di questo codice di assetto funzionale si colloca in un Essere diverso e distinto dagli esseri che si trovano nel campo della nostra percezione.